Was machen Sie,
wenn Sie sich etwas merken müssen?
Einen Knoten ins Taschentuch.

Was machen Sie,
wenn Sie sich viele Dinge
merken müssen?

? ? ? ? ?

Dieses Buch ersetzt
100 und mehr Knoten
im Taschentuch!

Vorwort

Mit diesem Buch haben Sie ein Werkzeug erworben, das Ihren künftigen Lebensweg entscheidend verändern kann. Sie können damit nicht nur Ihr Gedächtnis testen, sondern auch trainieren, stärken und somit wesentlich verbessern.

Was es bedeutet, selbst heute im Zeitalter des Computers, ein ausgezeichnetes Gedächtnis zu besitzen, brauche ich Ihnen nicht zu erklären. Vergesslichkeit war im Berufsleben zu keiner Zeit sonderlich gefragt. Ein Mensch mit einem starken Gedächtnis behält mehr im Kopf, er weiß einfach mehr als andere und wird schon deshalb im wahrsten Sinne des Wortes „gefragt".

Wenn Sie also gefragt werden möchten und „gefragt" sein möchten, dann bietet sich mit diesem Buch eine gute Chance, Ihr Ziel zu erreichen Der Erfolg kommt auch hier nicht ganz von allein. Verfolgen Sie aber ernsthaft Ihr Ziel, üben und arbeiten regelmäßig mit diesem Buch, dann stellen sich Fortschritt und Erfolg schnell ein.

Sofern Sie sich sofort einige Dinge merken wollen, dann wenden Sie am besten die „Gedächtnisscheiben" an, die 16, bzw. 10, Knoten im Taschentuch ersetzen. Selbst wenn Sie das Buch lediglich als Familien-, Party oder Kinderspiel benutzen, werden Sie ihm interessante Seiten abgewinnen. Neben dem Spaß beim Spiel werden Sie Fähigkeiten Ihres Gedächtnisses entdecken, die Sie nie für möglich gehalten hätten.

Einführung

Mit Hilfe dieses Buches kann man sich leicht hundert verschiedene Dinge merken, und das sogar in der richtigen Reihenfolge. Selbst nach mehreren Tagen, bei einiger Übung auch noch nach Wochen, kann man sich die Dinge, die man sich zu merken vorgenommen hat, durch Anschauen des Buchinhalts wieder vergegenwärtigen. Die Wirkung des Buches beruht auf der Erfahrung, dass das menschliche Gehirn besonders gut eine neue Sache speichert, wenn diese mit einer anderen, bereits bekannten Sache in irgendeiner Weise verknüpft wird.

Diesen Vorgang kann man jeden Tag erleben, wenn man sich beim Fernsehen nebenbei mit anderen Dingen beschäftigt, wie z. B. mit dem Smartphone spielen, basteln, stricken oder Briefmarken sortieren. Spielt man am nächsten Tag dasselbe Handygame oder beschäftigt sich erneut mit den Briefmarken, so fällt einem sofort das gesehene Fernsehstück wieder ein. Betrachtet man weiterhin verschiedene Details der Arbeit oder wiederholt ein bestimmtes Spiellevel, erinnert man sich deutlich an die einzelnen Szenen des Fernsehstücks.
Man erinnert sich immer genau an diejenige Szene, die gerade lief, als die entsprechende Tätigkeit ausgeführt wurde.

Diese Erkenntnis wird in diesem Buch angewandt, indem 100 sehr bekannte, meist konkrete Begriffe darin aufgeführt werden; zum besseren Behalten und Sich-Erinnern auf 10 Tafeln zu je 10 Begriffen angeordnet.

Dabei fangen alle Begriffe einer jeden Tafel mit einem bestimmten Buchstaben an, und jede Tafel ist in einer anderen Farbe gehalten. So gibt es folgende Tafeln auf den Seiten 14 bis 23:

Tafel Nr.	Begriff Nr.	Anfangs-buchstabe	Farbe
1	1 bis 10	A	rot
2	11 bis 20	B	orange
3	21 bis 30	C	gelb
4	31 bis 40	D	grün
5	41 bis 50	E	blau
6	51 bis 60	F	türkis
7	61 bis 70	G	violett
8	71 bis 80	H	magenta
9	81 bis 90	I und J	grau
10	91 bis 100	K	braun

Wie man mit den Begriffen und Tafeln arbeitet, wird in der nachfolgenden Gebrauchsanweisung beschrieben. Was man außerdem damit anfangen kann, können Sie auf den Seiten 8 und 9 lesen.

Gebrauchsanweisung

Wie man sich mit Hilfe dieses Buches viele verschiedene Dinge leicht merkt, kann man am besten an Hand eines Tests oder Testspiels erlernen, und das geht so:

Man lässt sich von einer Person (Moderator) zehn oder zwanzig verschiedene Wörter, die diese vorher aufgeschrieben und nummeriert hat, in der Reihenfolge der Nummerierung vorlesen. Während die Wörter vorgelesen werden, verknüpft man jedes Wort der Reihe nach im Geiste mit den Begriffen im Buch und macht sich im Kopf ein passendes Bild dazu. Das Buch nimmt man dabei in die Hand. Das erste Wort verknüpft man also mit Begriff Nr. 1 (Tafel 1), das zweite mit Begriff Nr. 2 usw., das zwanzigste mit Nr. 20 (Tafel 2).

Je lustiger oder ausgefallener die Verknüpfungen und damit die Bilder im Kopf sind, desto besser! Danach schaut man sich die Begriffe im Buch von Anfang an wieder an, und die Verknüpfungen kommen einem wie von selbst wieder in den Sinn, meist in Form der Bilder.

Weil nun zu jedem Begriff im Buch immer nur eine bestimmte Verknüpfung gehört, kann man sich diese nacheinander ins Gedächtnis zurückrufen. Zusammen mit der Verknüpfung und den Bildern im Kopf erinnert man sich dann an das jeweils vorgelesene Wort als Teil der Verknüpfung und spricht es aus. Man kann so die vorgelesenen Wörter sämtlich und in der richtigen Reihenfolge aufsagen. Selbst in umgekehrter

Reihenfolge und durcheinander kann man sich die Wörter ins Gedächtnis zurückrufen und die zugehörige Nummer der Reihenfolge richtig angeben.

Viel Spaß kann man haben, wenn man diesen Test in gemütlicher Runde oder in einem Kreis von Kindern durchführt, erst recht, wenn auch die meist sehr lustigen Verknüpfungen dabei verraten werden müssen. Alle Personen der Runde können nacheinander den Test machen und dabei sowohl das Funktionieren des Buches als auch die Qualität ihrer Phantasie und ihres Erinnerungsvermögens unter Beweis stellen.

Man wird sich nicht auf Anhieb an alle 20 Wörter richtig erinnern können. Nach ein wenig Übung wird das jedoch gelingen. Lassen Sie sich überraschen; Sie werden sich wundern, in welch kurzer Zeit diese Methode vollständig funktioniert.

Ausführliches Beispiel s. Seite 7.

Tipps für das Anfangen und Motivation s. Seite 57-59.
Bevor Sie jedoch mit den Übungen anfangen, sollten Sie alle Seiten einmal gelesen haben, auch die in den Anhängen, wobei Sie die Tafeln „überfliegen" können.

Ausführliches Beispiel:

Nr.	Vorgelesenes Wort	Begriff auf Tafel 1 und 2	Verknüpfung (Bild im Kopf)
1	Zeitung	Affe	Der Affe liest eine Zeitung
2	Beton	Afrika	Ich sehe ein Afrika-Abbild aus Beton
3	Poesie	Ampel	Poesie (Album) macht an der Ampel halt
	und so weiter bis	………	………
20	Wurst	Bus	Der Bus quillt über mit Wurst

Man sieht: Beim Anschauen des Begriffs im Buch (Affe) erinnert man sich an die im Geiste vorgenommene Verknüpfung und das Bild im Kopf (Affe liest Zeitung). Dies liefert dann zwangsläufig das vorgelesene Wort (Zeitung), an das man sich erinnern will.

Da im Buch immer auch die Nummer (1) der Reihenfolge neben dem Begriff steht, weiß man auch, an welcher Stelle das Wort vorgelesen wurde, nämlich an erster (im Falle Zeitung / Affe).

Anwendung im Alltag

Man kann sich im täglichen Leben des Buches bedienen und zwar immer dann, wenn man sich viele Dinge merken muss, aber keine bzw. keine gute Möglichkeit zum Schreiben hat.

Die Hauptpunkte eines Vortrags kann man, wie zuvor beschrieben, leicht mit den Begriffen im Buch verknüpfen. Später kann man sich dann durch Anschauen der beim Anhören des Vortrags benutzten Buchseiten die einzelnen Punkte ins Gedächtnis zurückrufen und bekommt dabei die richtige Reihenfolge der Punkte gleich mitgeliefert. Das heißt, die wesentlichen Grundzüge des Vortrages können so einwandfrei rekonstruiert werden.

Ähnlich kann man mit den Haupt-Stichwörtern verfahren, die während einer Diskussion, Konferenz, Predigt, Vorlesung oder eines Unterrichts fallen. Sogar beim Lesen von Büchern, Zeitungen, Abhandlungen, Berichten usw. kann man sich die „100 Knoten", so nenne ich dieses Buch ab jetzt verkürzt, zunutze machen. Die einzelnen Phasen einer Arbeitsanweisung oder eines Herstellungsprozesses kann man sich ebenfalls mit der beschriebenen Methode sehr gut einprägen.

Weitere Möglichkeiten

Mit Hilfe des Buches kann man sich auch gut lange und komplizierte Zahlen merken. Zum Beispiel die Telefonnummer

03761/664512.

Man braucht dabei nur die Zahlen 37, 61, 66, 45 und 12 in dieser Reihenfolge „abzuspeichern", und das geht so:

Im Buch sucht man die Begriffe, die zu diesen Zahlen gehören, das sind z. B. **Dollar** zu 37, **Gabel** zu 61, **Glas** zu 66, **Engel** zu 45 und **Banane** zu 12. Man bildet aus diesen Wörtern einen mehr oder weniger sinnvollen Satz. In diesem Falle könnte er lauten: "Auf eine **Dollar**note lege ich eine **Gabel** und stelle ein **Glas** dazu; ein **Engel** legt eine **Banane** dazu."

Obwohl der Satz eigentlich absurd ist, kann man sich diesen „plastisch" als Bild, Bildfolge oder Film vorstellen. Damit wird der Satz besonders gut im Gedächtnis bleiben. Gerade groteske und paradoxe Sätze merkt man sich, aufgrund ihrer Eigenart fast unwillkürlich.

Noch nach Wochen wird man in der Lage sein, solch einen Satz im Kopf zu haben, und kann dann jederzeit die zugehörigen Zahlen aus dem Buch entnehmen und damit die Telefonnummer rekonstruieren.

Auswendig lernen und auswendig anwenden

Ganz besonders gut kann man mit den „100 Knoten" arbeiten, wenn man alle 100 darin enthaltenen Begriffe von Affe (1) bis Krone (100) mit ihren zugehörigen Nummern auswendig weiß. Dann erübrigt sich das in manchen Situationen eventuell etwas lästige Aufschlagen des Buches. Man kann dann nämlich auch durch die reine Vorstellung der Begriffe im Buch vor dem geistigen Auge die Verknüpfungen, wie zuvor beschrieben, vornehmen.

Das Auswendiglernen der Begriffe im Buch wird durch die gewählte Strukturierung außerordentlich erleichtert und ist deshalb für den interessierten Benutzer des Buches mit nur ganz wenig Aufwand in kurzer Zeit möglich. Hier die vollständige Liste der Lernhilfen und einige Tipps dazu:

1. Anfangsbuchstaben und Reihenfolge der Begriffe
   Alle Begriffe einer Tafel fangen mit demselben Buchstaben an. Ausnahme Tafel 9 mit den Begriffen 81 bis 90. Hier kommen die zwei Buchstaben I und J zusammen vor. Wenn man sich also einprägt, welcher Anfangsbuchstabe zu welcher Tafel gehört, was nicht schwierig ist, so weiß man sofort, dass z.B. der Begriff Ballon zur zweiten Tafel gehört, weil B der zweite Buchstabe im Alphabet ist. Den Begriff Kirche kann man dann auch sofort der Tafel 10 zuordnen, weil K der zehnte Buchstabe im Alphabet ist, wenn man I und J als einen Buchstaben ansieht (s.o.).
2. Reihenfolge der Begriffe:
   Innerhalb einer Tafel sind die Begriffe alphabetisch

sortiert, d.h. nach dem Anfangsbuchstaben sind die danach folgenden Buchstaben maßgebend.

3. <u>Farbe und Reihenfolge der Farben</u>
Jede Tafel hat ihre eigene Farbe. Die ersten Tafeln sind in den Regenbogenfarben gehalten und auch in der Farbenreihenfolge des Regenbogens (rot, orange, gelb, grün, blau, türkis, violett). Dann folgen farblich passend magenta, grau und braun. Die Reihenfolge lässt sich auch recht gut einprägen, man sollte es daher wirklich tun. Wenn man dann zudem weiß, dass der Begriff Haus in violetter Farbe geschrieben ist, so weiß man damit auch, dass er zur siebenten Tafel gehört, also eine siebziger Nummer (71 – 80) aufweisen muss.

4. <u>Der Ort eines Begriffes auf einer Tafel</u>
Auch der Ort ist, vor allem beim Sich-Erinnern, hilfreich. Wenn man sich zum Beispiel merkt, dass das Kästchen rechts in der Mitte die Nummer 6, 16, 26 sw. trägt, hat man es leichter beim Wiederauffinden und gewinnt Zeit. Natürlich kann man durch Abzählen ebenfalls zu den Orten gelangen; das dauert aber etwas länger. Hat man sich die Orte der Nummern einmal eingeprägt, und weiß man auch, dass z.B. der Begriff Glocke in der vierten Reihe links steht, dann weiß man folglich, dass es der siebte Begriff auf Tafel 6 ist (weil G der sechste Buchstabe im Alphabet ist). Der Begriff Glocke trägt also die Nummer 67.

Schlussbemerkungen

Bei einiger Übung und häufigerem Umgang mit den „100 Knoten" hat man fast wie von allein alle Begriffe, deren Farbe und Ort sehr schnell im Kopf, also vor dem geistigen Auge, parat, und man kann sich anhand der beschriebenen Lernhilfen oder Merkmale immer rasch die zugehörige Nummer rekonstruieren. Bei längerer Übung weiß man sogar alle Merkmale eines Begriffs, nämlich Tafelnummer, Tafelfarbe, Ort auf der Tafel auswendig. Damit schafft man das „Abspeichern" und „Zurückholen" von hundert Informationen genauso gut und schnell wie ein Computer.

Selbst wenn man die „100 Knoten" nur spielerisch einsetzt, wird man feststellen, dass die Konzentrationsfähigkeit und die Gedächtnisleistung, insbesondere auch bei Kindern, erheblich verbessert werden.

Allein der Spaß, den man beim Preisgeben der meist lustigen Verknüpfungen haben kann und das Erfolgserlebnis des Sich-Erinnerns an zahlreiche Dinge, sollte Anlass zu vielerlei Umgang mit diesem Buch sein.

Auf keinen Fall müssen Sie sich jemals wieder 100 Knoten ins Taschentuch machen.

Auf den nächsten Seiten (14 bis 23) sieht man die Tafeln 1 bis 10. Dahinter, auf Seite 24, findet man eine Übersicht, die alle 10 Tafeln im Kleinformat zusammen zeigt.

Auch die praktischen Gedächtnisscheiben und leicht lernbaren Auto-Tafeln sollte man nutzen (siehe hierzu Seite 25, 26 und die Anhänge 1 und 2).

Und nun wünsche ich Ihnen viel Erfolg, Freude und Spaß für Sie selbst, Ihre Freunde und Kinder mit den „100 Knoten", die nicht nur als Gedächtnisstütze eingesetzt, sondern auch als Gedächtnistrainer und lustiges Spiel vielfach genutzt werden sollte.

Klaus Witte

Tafel 1

1 Affe	2 Afrika
3 Ampel	4 Anker
5 Antenne	6 Apfel
7 Aquarium	8 Arche
9 Auto	10 Axt

Tafel 3

21 Caravan	22 Cäsar
23 Clown	24 Cockpit
25 Cola	26 Computer
27 Container	28 Couch
29 Cowboyhut	30 Creme

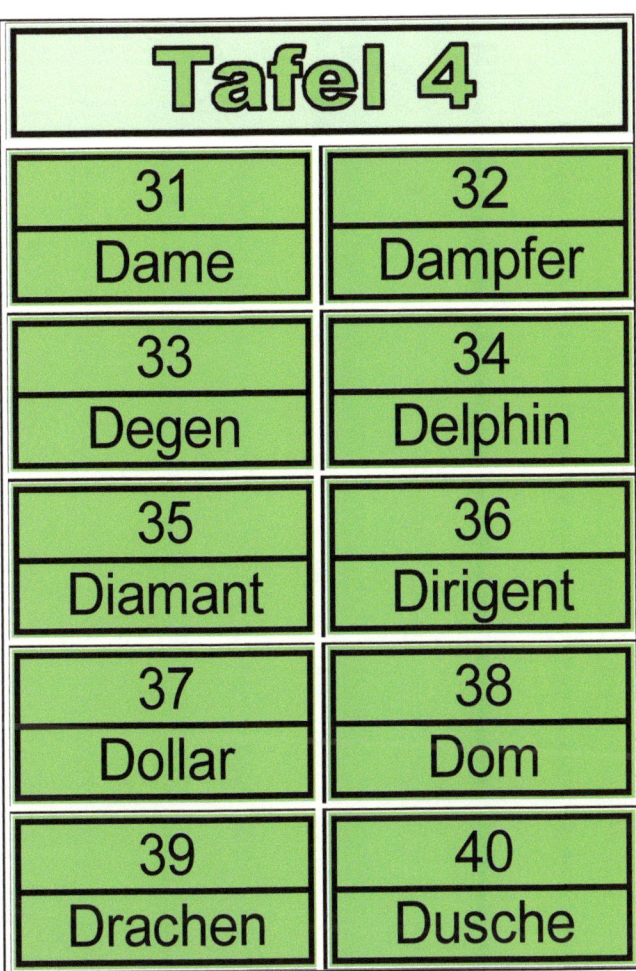

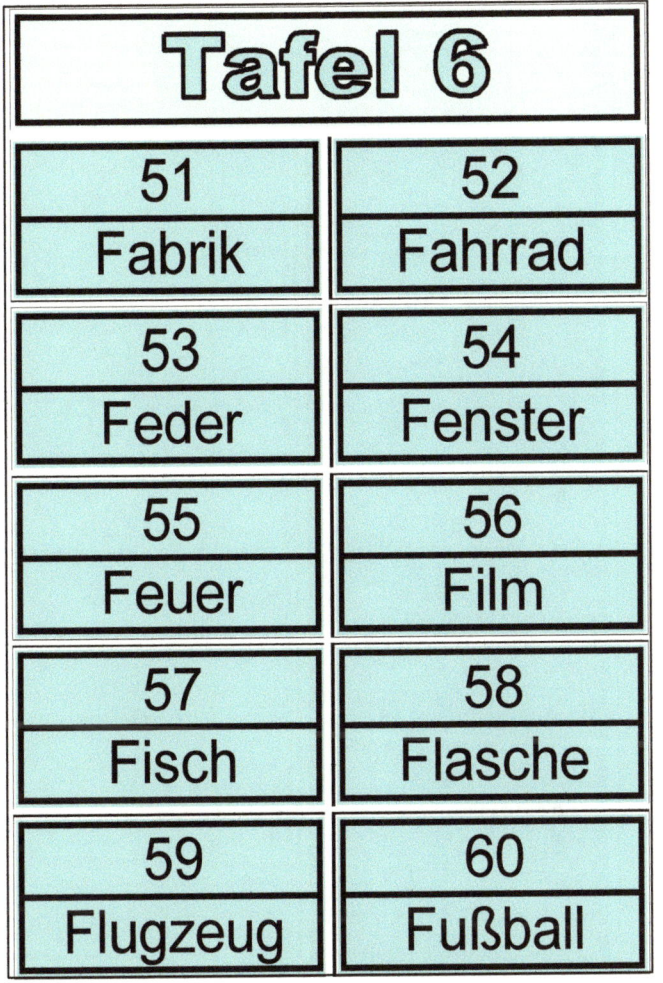

Tafel 7

61 Gabel	62 Garn
63 Geschenk	64 Gespenst
65 Giraffe	66 Glas
67 Glocke	68 Gürtel
69 Guitarre	70 Gymnastik

Tafel 8

71 Haare	72 Hahn
73 Hammer	74 Hand
75 Haus	76 Herz
77 Horn	78 Hose
79 Hufeisen	80 Hut

Tafel 9

81 Igel	82 Iglu
83 Indianer	84 Insel
85 Italien	86 Jacke
87 Jäger	88 Jongleur
89 Jumbojet	90 Junge

Tafel 10

91 Käfer	92 Kamel
93 Käse	94 Kerze
95 Kirche	96 Knopf
97 Koffer	98 Kopfhörer
99 Korb	100 Krone

Alle Tafeln

Tafel 1
1 Affe	2 Afrika
3 Ampel	4 Acker
5 Antenne	6 Apfel
7 Aquarium	8 Asche
9 Auto	10 Axt

Tafel 2
11 Ballon	12 Banane
13 Bar	14 Bett
15 Blume	16 Bohrer
17 Brille	18 Buch
19 Burg	20 Bus

Tafel 3
21 Caravan	22 Cäsar
23 Clown	24 Cockpit
25 Cola	26 Computer
27 Container	28 Couch
29 Cowboyhut	30 Creme

Tafel 4
31 Dame	32 Dampfer
33 Degen	34 Delphin
35 Diamant	36 Dirigent
37 Dollar	38 Dom
39 Drachen	40 Dusche

Tafel 5
41 Ei	42 Eimer
43 Eis	44 Elefant
45 Engel	46 Erde
47 Eskimo	48 Europa
49 Eva	50 Explosion

Tafel 6
51 Fabrik	52 Fahrrad
53 Feder	54 Fenster
55 Feuer	56 Film
57 Fisch	58 Flasche
59 Flugzeug	60 Fußball

Tafel 7
61 Gabel	62 Garn
63 Geschenk	64 Gespenst
65 Giraffe	66 Glas
67 Glocke	68 Gürtel
69 Gitarre	70 Gummistiefel

Tafel 8
71 Haare	72 Hahn
73 Hammer	74 Hand
75 Maus	76 Herz
77 Horn	78 Hose
79 Hufeisen	80 Hut

Tafel 9
81 Igel	82 Iglu
83 Indianer	84 Insel
85 Italien	86 Jacke
87 Jäger	88 Jongleur
89 Jumbojet	90 Junge

Tafel 10
91 Käfer	92 Kamel
93 Käse	94 Kerze
95 Kirche	96 Knopf
97 Koffer	98 Kopfhörer
99 Korb	100 Krone

Weitere Tafeln, Tafel-Serien

Tafeln 11 bis 23 (Buchstaben L bis Z, auf Anfrage lieferbar) und neue, ganz anders geartete Tafel-Serien sind ebenfalls verfügbar. So gibt es z.B. Tafeln mit Begriffen, die in einer natürlichen, sich von selbst ergebenden Reihenfolge angeordnet sind. Ich nenne diese Serien Auto-Serien und die dazu gehörenden Tafeln (Auto-Tafeln, s. Anhang 1).

Die Serien haben den Vorteil, dass die Reihenfolge nicht auswendig gelernt werden muss, sondern sich automatisch aus der zeitlichen Reihenfolge der Ereignisse bzw. geographischen Stationen ergibt; die zugehörigen Nummern sollte man sich jedoch besser merken.

Beispiel: Serie „Früh am Morgen" mit den Begriffen: 1-Bett, 2-Wecker, 3-Bad, 4-Unterwäsche, 5-Jeans, 6-TShirt, 7-Schuhe, 8-Frühstück, 9-Tasche, 10-Küsschen (Tafel s. S. 30).

Die Nummern auf den Auto-Tafeln, zum Beispiel 71-80 (Nord-Süd-Reise), sind von untergeordneter Bedeutung. Das heißt, sie lassen sich im Kopf ohne Schwierigkeit in 1 bis 10 umwandeln, wenn man sich nur 10 Dinge merken möchte.

Für den ersten Umgang sollte man sich ohnehin diejenige Tafel oder Auto-Tafel aussuchen, die man sich am leichtesten merken kann, ohne Rücksicht auf die erste Ziffer (Zehner-Nummer).

Kurzform / Gedächtnisscheiben

Die Kurzform der Gedächtnisstütze gibt es in zwei Ausführungen, der Zehner-Gedächtnisscheibe und der Sechzehner-Gedächtnisscheibe (s. Anhang 2).

Beide Scheiben sind rund und haben den Durchmesser einer CD, also 11,8 cm. Beide enthalten Basisbegriffe in alphabetischer Reihenfolge und zugehörige Abbildungen. Die Abbildungen sind sehr hilfreich, sie unterstützen das Merken und Sich-Erinnern; sie werden von Kindern sehr geschätzt.

Diese Scheiben kann man sehr gut bei sich tragen und bei Bedarf schnell hervorholen. Das ausführliche Protokoll eines Tests mit der Sechzehner-Scheibe und vier Testpersonen finden Sie im Anhang 4. Dort sind Testablauf, die sechzehn Wörter, die man sich dabei merken musste und die von den vier Testpersonen erdachten Verknüpfungen dieser Wörter mit den Basisbegriffen auf der Scheibe dokumentiert.

Bebilderte Tafeln
Für die Tafeln 1 bis 3 gibt es eine bebilderte Version in Anhang 3, die eventuell besser erlernbar ist als die ohne Bilder und die man unbedingt einmal ausprobieren sollte.

Zu meiner Person

Dieses Buch und die „Gedächtnisscheiben" entspringen einer ureigenen Idee, die ich schon vor mehr als 25 Jahren hatte. Mit den Scheiben habe ich im Familien und Freundeskreis herumexperimentiert und sie als sehr nützlich, praktisch und als Spiel auch lustig erkannt und mich dann entschlossen, diese Erkenntnis weiter zu geben Ich hatte bisher nur noch nicht die notwendige Zeit dazu.

Ich bin von Beruf Ingenieur, Statiker, Tragwerksplaner, dessen Berechnungen und Ideen in Bauwerke umgesetzt werden, also zwangsläufig zielorientiert und praktisch veranlagt. Ich bin kein „Gedächtnis-Guru" und möchte auch nicht irgendwo Gedächtnis-Kunststücke vorführen. Ich habe mich auch nicht sehr mit der Wissenschaft vom Gehirn befasst. Mir geht es einzig und allein darum, die Idee, wie sie in diesem Buch präsentiert wird und die es meines Wissens noch nicht in dieser Form gibt, als eine sehr praktische und wirksame Gedächtnishilfe zur Verfügung zu stellen und damit einem größeren Personenkreis nie gedachte Chancen und Freude zu eröffnen.

Danke

Für die Freigabe zur Verwendung der Grafiken von Rolf Kauka auf den „Gedächtnisscheiben" bedanke ich mich herzlich bei Frau Alexandra Kauka und Herrn Christoph Maaßen-Windelschmidt von PANmedia, Nettetal.

Für die Handzeichnungen auf den Tafeln im Anhang 3 danke ich meiner Tochter Claudia, von der ich weiß, dass sie es gerne gemacht hat und dabei Freude gehabt hat.

Für ihre Anregungen, Hinweise und Geduld beim Testen und Gegenlesen danke ich beiden Töchtern, Claudia und Martina, und vor allem meiner Frau Veronika. Sie haben maßgeblich dazu beigetragen, dass dieses Werk entstanden ist und jetzt in dieser Form vorliegt.

* * * * *

Klaus Witte

100 und mehr Knoten im Taschentuch

ANHANG 1

10 Auto-Tafeln

Gedächtnisstütze mit Sofortwirkung,
Gedächtnistrainer,
Partyspiel
© 2016 Klaus Witte

Früh am Morgen

1 Bett	2 Wecker
3 Badezimmer	4 Unterwäsche
5 Jeans	6 T-Shirt
7 Schuhe	8 Frühstück
9 Tasche	10 Küsschen

Schulweg, Schule

11 Fahrrad	12 Straße
13 Schule	14 Klassenraum
15 Sitzplatz	16 Freund
17 Lehrer	18 Unterricht
19 Tafel	20 Pause

Erdkunde, Europa

21 Norden	22 Norwegen
23 Osten	24 Russland
25 Süden	26 Italien
27 Westen	28 Frankreich
29 Mitte	30 Deutschland

Geschichte, Altertum

31	32
Sumerer	Keilschrift
33	34
Ägypten	Pyramiden
35	36
Babylon	Turm
37	38
Athen	Tempel
39	40
Rom	Kolosseum

Erfindungen der Vorzeit

41 Faustkeil	42 Feuerstein
43 Nadel	44 Keramikfiguren
45 Speer	46 Pfeil & Bogen
47 Töpfe	48 Pflug
49 Hebel	50 Rad

Erfindungen im Mittelalter

51	52
Windmühle	Webstuhl
53	54
Leuchtturm	Kompass
55	56
Uhr	Brille
57	58
Papier	Buchdruck
59	60
Feuerwaffen	Fernrohr

Erfindungen in der Neuzeit

61 Fahrrad	62 Lokomotive
63 Telefon	64 Glühbirne
65 Auto	66 Flugzeug
67 Radio	68 Fernsehen
69 Computer	70 Internet

Landkarte zur Nord-Süd-Reise durch Deutschland

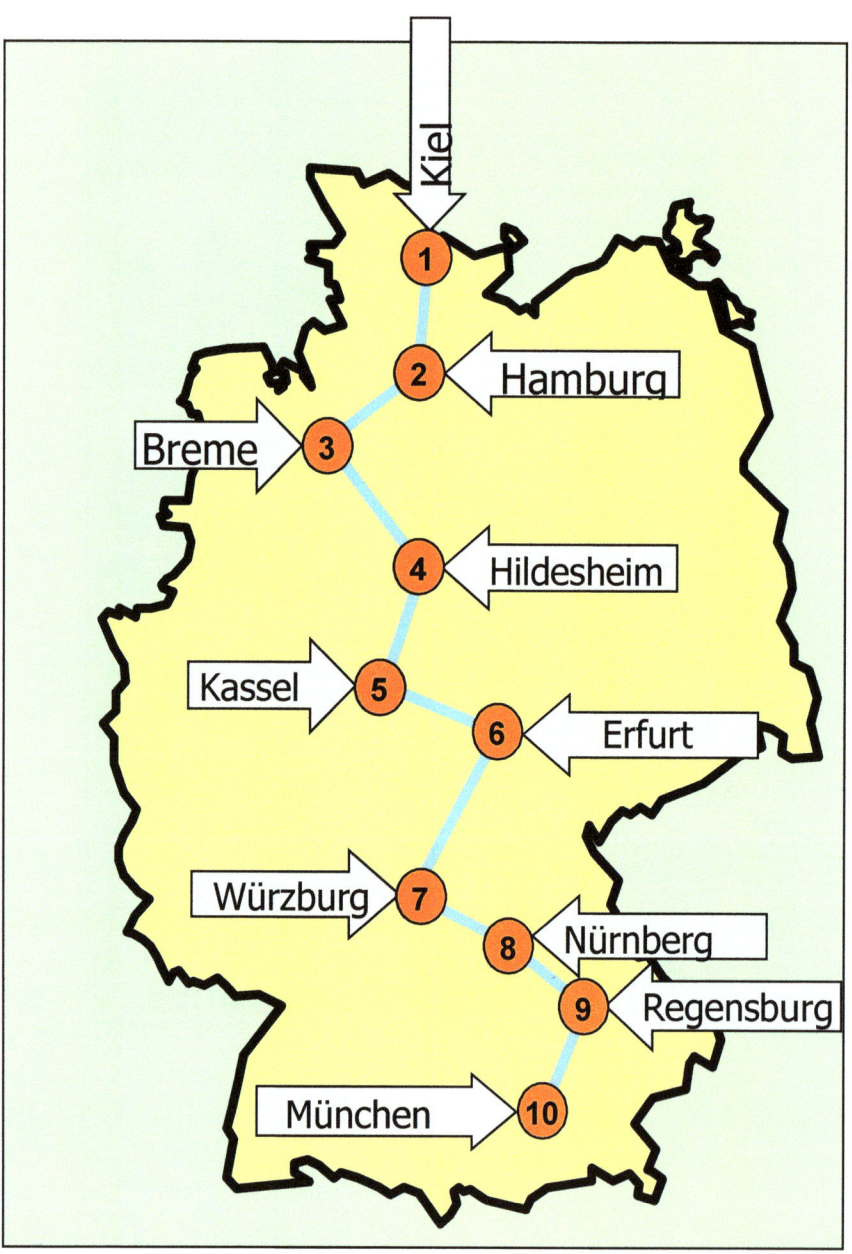

West-Ost-Reise

91 Aachen	92 Wuppertal
93 Dortmund	94 Bielefeld
95 Hannover	96 Braunschweig
97 Magdeburg	98 Potsdam
99 Berlin	100 Frankfurt (Oder)

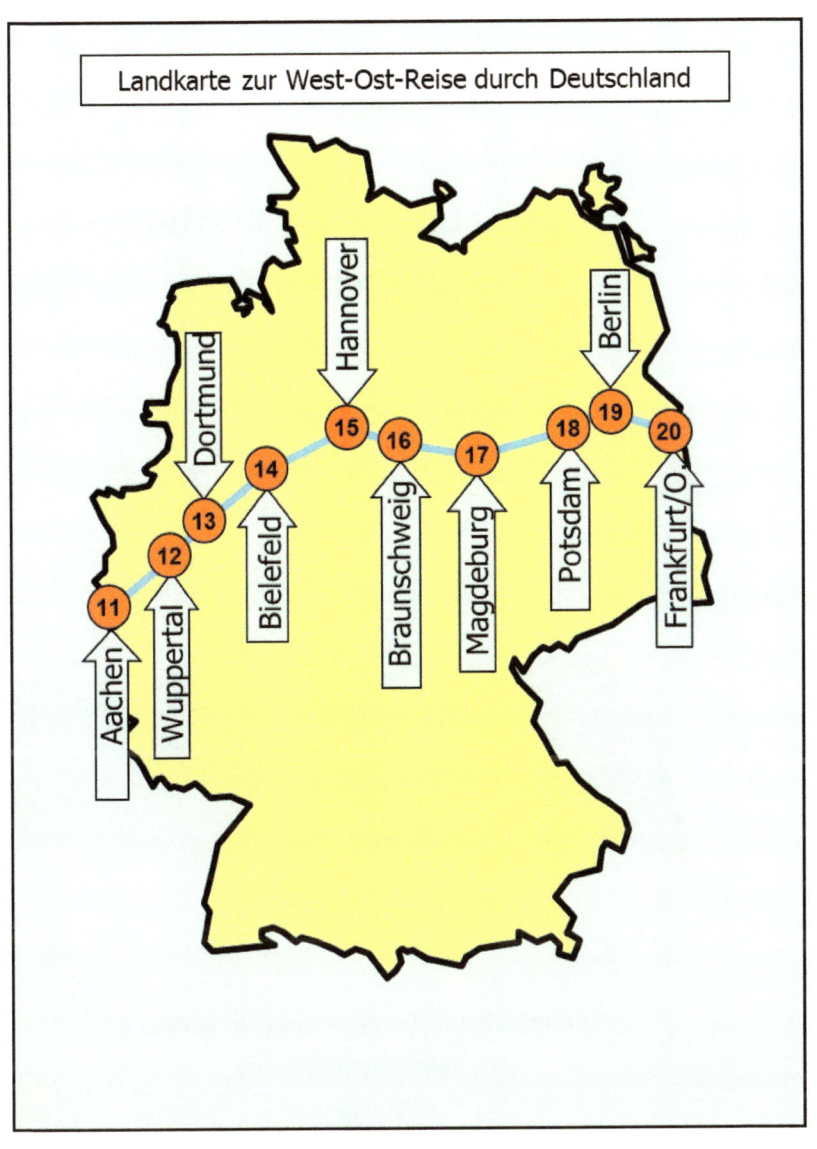

Klaus Witte

100 und mehr Knoten im Taschentuch

ANHANG 2

2 Gedächtnisscheiben

Gedächtnisstütze mit Sofortwirkung,
Gedächtnistrainer,
Partyspiel
© 2016 Klaus Witte

Gedächtnisscheibe mit 16 Merkmöglichkeiten
(Ausschneiden und auf einen Bierdeckel oder eine CD kleben)

© 2016 Klaus Witte

Gedächtnisscheibe mit 10 Merkmöglichkeiten

(Ausschneiden und auf einen Bierdeckel oder eine CD kleben)

© 2016 Klaus Witte

Klaus Witte

100 und mehr Knoten im Taschentuch

ANHANG 3

Gedächtnistafeln 1 bis 3, bebildert

Gedächtnisstütze mit Sofortwirkung,
Gedächtnistrainer,
Partyspiel
© 2016 Klaus Witte

Tafel 3

21 Caravan		22 Cäsar	
23 Clown		24 Cockpit	
25 Cola		26 Computer	
27 Container		28 Couch	
29 Cowboy-Hut		30 Creme	

Klaus Witte

100 und mehr Knoten im Taschentuch

ANHANG 4

- Ergebnisse eines Tests
- Tipps für das Anfangen und Motivation

Gedächtnisstütze mit Sofortwirkung,
Gedächtnistrainer,
Partyspiel
© 2016 Klaus Witte

Test mit vier Personen und Gedächtnisscheiben für sechzehn Merkmöglichkeiten

Dies ist das Protokoll eines Tests mit einem Moderator und vier Testpersonen. Der Test wurde tatsächlich durchgeführt und lief folgendermaßen ab:

Der Moderator denkt sich diese sechzehn völlig zusammenhanglosen Wörter aus, die er auf einem Zettel notiert und nummeriert:

1. Briefmarke
2. Parkplatz
3. Baukran
4. Bankmanager
5. Kofferraum
6. Kopfkissen
7. Salzstreuer
8. Hausaufgaben
9. Skilift
10. Blockflöte
11. Neandertaler
12. Komma
13. Fallschirm
14. Programm
15. Erbsensuppe
16. Blitz

Er liest die Wörter nacheinander in der obigen Reihenfolge langsam vor. Die vier Testpersonen, ein Mann (45 J.), eine Frau (42 J, ein Junge (13 J.) und ein Mädchen (9 J.) mit jeweils einer 16er Gedächtnisscheibe in der Hand hören aufmerksam zu und machen vor ihrem geistigen Auge mit jedem vorgelesenen Wort eine möglichst bildhafte Verknüpfung mit dem jeweiligen Basisbegriff (mit Bild) mit auf der Scheibe:

1. Briefmarke mit Adler,
2. Parkplatz mit Boot,
3. Baukran mit Clown
usw. bis
16. Blitz mit Qualle.

Dann wird abgefragt; zuerst der Mann. Er rekonstruiert alle 16 Begriffe, von Briefmarke bis Blitz, korrekt und in der richtigen Reihenfolge. Er enthüllt, dass er sich diese bildhaften Verknüpfungen mit den Abbildungen auf der Scheibe ausgedacht hat:

1. Adler transportiert Briefmarke im Schnabel
2. Boot steht verlassen auf einem leeren Parkplatz
3. Clown turnt an Baukran herum
4. Dame flirtet vor Bankgebäude mit Bankmanager
5. Esel frisst aus Kofferraum
6. Feuer vernichtet Kopfkissen (steht in Flammen)
7. Im (Wasser-) Glas steht ein Salzstreuer
8. Hexe stört bei Hausaufgaben
9. Junge schaukelt im Skilift
10. Mädchen im Kleid spielt Blockflöte
11. Löffel wird von Neandertaler zerbrochen

12. Auf die Mauer wurde ein gr. Komma gesprüht
13. Im Nest landet ein Fallschirm (-springer)
14. Am Ohr hängt das (Theater-) Programm
15. Der Pulli ist so grün wie die Erbsensuppe
16. Die Qualle fängt einen Blitz ein.

Die Frau rekonstruiert ebenfalls alle 16 Begriffe korrekt und in der richtigen Reihenfolge. Sie enthüllt, diese Verknüpfungen:

1. Adler fliegt mit Briefmarke auf Rücken durch die Lüfte
2. Boot steht, fehl am Platze, zwischen Autos auf Parkplatz
3. Clown fährt Baukran wild umher
4. Dame heiratet Bankmanager (in der Bank)
5. Störrischer Esel will nicht aus Kofferraum herauskommen
6. Feuer-Bild ist auf Kopfkissen gedruckt
7. Glas mit Wasser wird von Salzstreuer bestreut
8. Hexe fegt Hausaufgaben-Hefte weg
9. Junge zeigt nach oben auf Skilift
10. Aus dem Kleid klingen Blockflöten-Töne
11. Löffel wird von Neandertaler bewundert
12. Jeder Stein der Mauer hat ein schwarzes Komma
13. Nest hängt an Fallschirm
14. Hinterm Ohr steht das neue Arbeits-Programm geschrieben
15. Der schöne Pulli ist mit Erbsensuppe bekleckert
16. Die Qualle lebt, der Blitz kann ihr nichts anhaben.

Auch der Junge hat keine Probleme, alle 16 Begriffe in der richtigen Reihenfolge wiederzugeben und gibt seine Verknüpfungen preis:

1. Adler trägt Briefmarke im Schnabel
2. Im Boot gibt es einen kleinen Parkplatz
3. Clown macht Unsinn mit Baukran-Modell
4. Spielkarten-Dame guckt Bankmanager aus der Jackentasche
5. Störrischer Esel will nicht in den Kofferraum
6. Im Feuer liegt ein Kopfkissen
7. Im Glas steht ein Salzstreuer
8. Hexe macht Hausaufgaben für mich
9. Junge zeigt nach oben auf Skilift
10. Das Kleid kann nicht Blockflöte spielen
11. Holz-Löffel wird von Neandertaler zum Essen benutzt
12. Alle Steine der Mauer tragen ein Komma
13. Nest hängt an Fallschirm
14. Hinterm Ohr steht das neue Arbeits-Programm geschrieben
15. Der Pulli passt farblich zur Erbsensuppe
16. In der Qualle sieht man einen Blitz zucken.

Sogar das 9-jährige Mädchen hat kaum Probleme. Sie nennt alle 16 Begriffe etwas holprig, aber letztlich doch noch in der richtigen Reihenfolge und nennt ihre Verknüpfungen:

1. Adler spielt Post und trägt Briefmarke im Schnabel
2. Das Boot liegt auf einem Parkplatz zwischen

Autos
3. Clown hängt akrobatisch an Baukran und macht Zirkus
4. Spielkarten-Dame und Geldscheine liegen bei Bankmanager auf dem Schreibtisch
5. Störrischer Esel will nicht in den Kofferraum
6. Im Feuer brennt ein Kopfkissen
7. Glas und Salzstreuer vertragen sich gut
8. Hexe zaubert Hausaufgaben schwirig
9. Junge will mit Skilift mitfahren
10. Unter dem Kleid ist eine Blockflöte versteckt
11. Holz-Löffel wird von Neandertaler geschnitzt
12. Die Mauer hat die Form von einem Komma
13. Nest fliegt mit Fallschirm davon
14. Hinters Ohr schreibe ich mir mein Programm für morgen
15. Der Pulli passt farblich nicht zur Erbsensuppe
16. Die Qualle muss aufpassen, dass sie nicht vom Blitz getroffen wird.

Alle wussten schließlich genau, welcher Begriff an erster, siebenter oder vierzehnter Stelle stand und konnten die Begriffe in umgekehrter Reihenfolge aufsagen, und alle waren über ihre Leistungen außerordentlich erstaunt und stolz. Das hatte keiner von ihnen erwartet.

Dieser und andere Tests haben mir gezeigt und bewiesen, dass die „100 und mehr Knoten im Taschentuch" tatsächlich funktionieren, und zwar auf Anhieb, sofort und ohne vorheriges Training.

Was kann man erst erreichen, wenn man regelmäßig damit umgeht und trainiert, bestimmte Begriffe, Abbildungen und Reihenfolgen schon fest als Verknüpfungsbasis im Kopf verankert hat und deshalb die Tafeln und Scheiben nicht mehr benötigt? Fünfzig Wörter, Dinge oder Zahlen merken und bei Bedarf hervorholen? Hundert, zweihundert? Es ist nur eine Willenssache und hängt allein von Ihnen ab. Fangen Sie an! Probieren Sie es aus! Üben Sie mit damit! Dann werden Sie in gar nicht ferner Zeit auch die „100 und mehr Knoten im Taschentuch" im Kopf haben und das Buch, die Tafeln und Scheiben gar nicht mehr benötigen, schon gar nicht irgendwelche echten Knoten im Taschentuch. Sie werden sich wundern, in welch kurzer Zeit Sie das schaffen. Nutzen Sie die Chance!

Tipps für das Anfangen und Motivation:

So beginnen Sie:
- ➤ Suchen Sie sich diejenige Tafel oder Auto-Tafel aus, die Ihnen am besten gefällt oder von der Sie meinen, dass Sie sich diese am besten merken können und drucken Sie diese aus, sofern sie Ihnen noch nicht in Papierform vorliegt.
- ➤ Merken Sie sich die Überschrift (Tafel Nr. oder Titel).
- ➤ Merken sie sich die Farbe, bzw. Grundfarbe der Tafel.
- ➤ Prägen Sie sich ein, wie die Zahlen bzw. Endziffern auf der Tafel angeordnet sind, nämlich in Zeile 1: 1 und 2, in Zeile 2: 3 und 4, in Zeile 3: 5 und 6, in Zeile 4: 7 und 8, in Zeile 5: 9 und 10, bzw. 0.
- ➤ Merken Sie sich 10 Tage hintereinander täglich eine Zeile zu zwei Kästchen mit je einer Zahl und zugehörigem Begriff als Basisbegriff (evtl. mit Bild dabei).
- ➤ Prüfen Sie dabei jeden Tag, ob Sie sich die Überschrift, Farbe, Kästchen-Nr. und Begriffe auch wirklich gut eingeprägt haben.

Nach 10 - 12 Tagen kennen Sie die Tafel auswendig, Sie sehen sie vor Ihrem geistigen Auge wie ein Foto und Sie können sie austesten, ohne sie in der Hand zu halten. Mit austesten meine ich dabei, dass Sie Übungen machen, wie im Beispiel und im Test beschrieben: Sie erstellen eine Liste von 10 nummerierten Wörtern und verknüpfen dann im Geiste alle 10 Wörter nacheinander mit den zugehörigen Basisbegriffen der Tafel; das erste Wort mit Basisbegriff 1, das zweite Wort mit Basisbegriff 2 usw., bis Sie alle 10 Wörter verknüpft haben.

Dann warten Sie ein paar Minuten. Danach rufen Sie die Tafel im Geiste wieder auf, und Sie werden sehen, zusammen mit den Basisbegriffen und deren Nummern kommen Ihnen auch die Verknüpfungen, und damit auch die Wörter auf der Liste, wieder in den Sinn.

Rufen Sie sich auch ein paar Tage später noch einmal dieselbe Tafel ins Gedächtnis zurück, auch dann werden Sie sich an alle 10 Wörter auf der Liste genau erinnern. So machen Sie es mit weiteren Tafeln, so viel Sie mögen und testen Sie diese häufig nach dem Auswendiglernen. Das festigt das Gemerkte.

Bei den Gedächtnisscheiben können Sie unabhängig, aber im Prinzip nach derselben Methode vorgehen. Zur Motivation sollten Sie folgendes wissen:

Bereits zehn Dinge sich sicher und in der richtigen Reihenfolge merken zu können, ist etwas Außergewöhnliches, was nicht viele Menschen ohne Training schaffen. Diese Tatsache wird allgemein recht wenig registriert. Im „normalen" Alltag oder Arbeitstag wird ein überdurchschnittliches Gedächtnis ja auch kaum gefordert, es ist aber von weitreichender Bedeutung und Wichtigkeit für Menschen, die sich nicht mit dem Durchschnittlichen zufriedengeben möchten.

Sie, mit den gewonnenen Merkmöglichkeiten, zählen also schon zu einer gewissen Auswahl. Diese Fähigkeit wird Sie z.B. von Ihren Kollegen in der Firma, Ihren Mitschülern, Partnern oder Konkurrenten, auf welchem Gebiet auch immer, ein wenig, aber oft maßgeblich unterscheiden. Ihre Chefs, Lehrer, Partner oder Kunden werden Ihr Können mit Sicherheit registrieren und Ihnen eher gute Leistungen und bessere Übersicht bei der Bewältigung von Aufgaben jeglicher Natur, geschäftlich oder privat, zutrauen. Man wird Ihnen Chancen geben, das wird Sie anspornen. Anerkennung und Erfolg winken. Das ist meine Erfahrung. Es ist mit Hilfe der „100 Knoten" so leicht möglich!

Noch Eines, und das wissen Sie sicher selbst gut genug: Übertreiben schadet nur, gehen Sie verantwortungs- und rücksichtsvoll mit Ihren Fähigkeiten um! „Menschbleiben" sollte weiterhin für Sie oberstes Gebot sein. Ein gutes Gedächtnis ist nur ein Baustein von vielen für Anerkennung und Erfolg, allerdings ein sehr wichtiger.

Bildnachweis

Städtefotos Tafel „Nord-Süd-Reise"

Bild Nr.	Titel (Stadt, zum Autorentitel hinzugefügt)	Autor in: ©Autor/Fotolia.de
71	Kieler Woche Großsegler	Uwe Lütjohann
72	Hamburg Landungsbrücken	Jonn Rübcke
73	Hansestadt Bremen, Marktplatz, Rathaus	BildPix.de
74	Hildesheim	view7
75	Barockschloss (Kassel)	ankiro
76	Dom und St. Severikirche Erfurt	gesine wintsche
77	Festung Marienberg (Würzburg)	WernerHilpert
78	Nürnberger Kaiserburg	DeVice
79	Regensburg Altstadt Dom Brücke	Kautz15
80	München	Oliver Raupach

Städtefotos Tafel „Rheinabwärts"

Bild Nr.	Titel (Stadt, zum Autorentitel hinzugefügt)	Autor in: ©Autor/Fotolia.de
81	Rheinfall Schaffhausen	Andrzej Gryczkowski
82	Basel, mittlere Rheinbrücke	Waldteufel
83	Strasbourg, Cathedral 03	Ingo Bartussek
84	Night City (Ludwigshafen/Mannheim)	Sandra Sauer
85	Dom vom Liefrauenplatz (Mainz)	Michael Möller
86	Deutsches Eck (Koblenz)	Borg Enders
87	Beethovendenkmal (Bonn)	Kica Henk
88	Köln	Jürgen Feldhaus
89	Düsseldorf	Dreadlock
90	Innenhafen Duisburg	Habicht

Bildnachweis, Fortsetzung

Städtefotos Tafel „Ost-West-Reise"

Bild Nr.	Titel (Stadt, zum Autorentitel hinzugefügt)	Autor in: ©Autor/Fotolia.de
91	Dom in Aachen	Heinz Waldukat
92	Schwebebahn 3 (Wuppertal)	Joe Gockel
93	Westfalenpark (Dortmund)	odluap
94	Sparrenburg / Bielefeld	mirubi
95	Rathaus Hannover	kuwa
96	Braunschweig	Frank
97	Magdeburger Hubbrücke	ralph bues
98	sans souci palace (Potsdam)	Kenneth Kan
99	Brandenburger Tor - Berlin	WestPic
100	Oderbrücke in Frankfurt (Oder)	Sebastian Krüger

Auf Seite 62 habe ich Ihnen noch eine Gedächtniskarte für 10 Merkmöglichkeiten

"Karte zum Selbstausfüllen"

für eine persönliche Gedächtnisroute beigefügt und dazu ein Beispiel aus meinem Alltag mit dem Titel "Mein Weg zum Arbeitsplatz" (Routinevorgang) gegeben.

Geben Sie der Karte doch einmal selbst einen Titel (Routinevorgang aus Ihrem Alltag) und füllen Sie die Felder mit den einzelnen Stationen des Vorgangs in der richtigen Reihenfolge aus. Diesen Vorgang haben Sie ja ohnehin im Kopf, Sie müssen sich dann nur noch die Nummern der einzelnen Stationen merken.

Nun können Sie sofort mit der Karte arbeiten und damit gelingt Ihnen ganz sicher ein guter Einstieg in die "100 Knoten".

Karte zum Selbstausfüllen, Titel:	
1	2
3	4
5	6
7	8
9	10

Beispiel für eine selbstausgefüllte Karte, Titel: *"Mein Weg zum Arbeitsplatz"*	
11	12
Garage	*Kindergarten*
13	14
Kirche	*Tankstelle*
15	16
Autowerkstatt	*Supermarkt*
17	18
Große Kreuzung	*Flussbrücke*
19	20
Kreisverkehr	*Arbeitsplatz*

Herstellung und Verlag:
BoD - Books on Demand, Norderstedt
ISBN 978-3-7412-3709-6